Sylvanus Mulowayi Wa Kayumba

SI, COMME, ALORS.../ IF, AS, THEN...

Sylvanus Mulowayi Wa Kayumba

SI, COMME, ALORS.../ IF, AS, THEN...

Régularisation du Mariage/ Breeding Regularization

Éditions Croix du Salut

Imprint

Cover image: www.ingimage.com

Publisher:
Éditions Croix du Salut
is a trademark of
International Book Market Service Ltd., member of OmniScriptum Publishing Group
17 Meldrum Street, Beau Bassin 71504, Mauritius
Printed at: see last page
ISBN: 978-613-7-37525-9

Sylvanus Mulowayi Wa Kayumba

SI, COMME, ALORS...

Régulariser Son Mariage Devant Dieu

Français-Anglais

SI, COMME, ALORS...

INTRODUCTION

Une semaine avant la cérémonie nuptiale, une invitation me fut remise pour la régularisation du mariage d'un couple ami.

Ils avaient déjà réglé les comptes au niveau de la famille de la future épouse en ce temps-là et au niveau de l'Etat Civil.

Nous avions été invités avec d'autres amis pour la célébration et la remise des cadeaux.

Il restait une étape très importante, celle de dire « oui » devant le Seigneur en lui consacrant leur union pour tout le temps qu'ils passeront ensemble jusqu'à ce que le mort les sépare.

Il y a eu une succession des conjonctions :

- Si...
- Comme...
- Alors...

La plupart de jeunes hommes méditent dans le fond de leur cœur quelque chose qui ressemble à ceci :

Si je trouve de l'argent, je prendre en mariage une femme de mon choix et de mon goût qui deviendra mon aide-semblable.

Et c'est avec elle que je partagerais le reste de ma vie avant de retourner vers Celui de qui je suis venu !

Si je termine les études, je trouverai un bon boulot et nous ferons un grand mariage devant la famille, l'Etat Civil de notre juridiction et devant Dieu.

Curieusement certains ne tiennent pas à leur promesse et changent de partenaires au jour de la bénédiction.

D'autres encore se projettent dans le conditionnel et disant :

Si j'étais né dans une famille riche, les choses seraient plus faciles.

Si je rencontrais une femme issue d'une famille riche, elle me rendrait heureux.

Les jeunes filles de leur côté sont un peur naïves et rêveuses et se laissent tromper et rouler par des charlatans et y perdent leur dignité et leurs attentes.

Au bout du rouleau, elles se retrouvent abandonnées à leur triste sort par des fiancés-renards !

Il y a aussi ceux qui se sont mariés dans la précipitation et qui se rendent comptent qu'ils ont perdu inutilement beaucoup de temps dans la distraction et dans la ruine.

Ils ont suivi le chemin de la témérité et du risque et ne peuvent plus supporter leur propre situation.

Il était 17 heures quand j'entrais dans l'Eglise Centrale de la Borne de la Ville de Bandundu-Ville dans la Province du Kwilu en République Démocratique du Congo, ce samedi 28 Novembre 2020 qui restera inoubliable dans la vie de 7 couples y compris celui qui m'avait invité.

Oui, 7 couples mariés avant sont venus régulariser leur union devant Celui qui a le premier et le dernier mot dans la vie de tous les hommes.

Un peu plus tard, la cérémonie commença effectivement avec le mot d'ouverture et le programme du jour annoncé par le Pasteur Pascal Kalala, le Responsable de ladite église dans la ville de Bandundu.

Ces 7 couples avaient ainsi compris l'importante d'ajouter la présence effective de Dieu à leur union quoiqu'ils aient tout réglé au niveau de la famille et de l'Etat Civil.

Dieu intervient souvent au-delà de la distance de l'arc des hommes, comme ce le fut dans le cas d'Agar quand elle n'avait plus d'eau et de pain dans le désert. Et il ne vient jamais en retard pour ceux qui continuent à espérer en lui.

Il y a moyen de refaire sa vie avec Dieu, pour le mieux.

Comme il va te bénir cette fois-ci, accomplis ton vœu.

Comme il intervint dans la vie d'Agar et d'Ismaël, il le fera sûrement pour toi.

Comme il va ouvrir une porte de gloire pour ces 7 couples qui se sont décidés de le faire entrer dans leur pirogue pour aller sur l'autre bord, il le fera aussi pour toi.

Le secret c'est de demeurer dans sa présence en toute fidélité et en toute obéissance.

Comme il sera cette fois-ci avec nous, alors marchons dans sa crainte et fuyons le mal de loin comme des aigles avertis.

Je m'adresse à ceux qui se sont mariés avant dans la loi d'intérêt et de l'attraction de l'enveloppe extérieure, et leur dis que rien n'est impossible à Dieu.

Si quelqu'un croit en Dieu, il verra la gloire de Dieu.

Il y a bien de filles qui ont déjà perdu leur virginité. Nous prendrons du temps tout au long de cet exposé de parler largement à ce sujet dans le présent exposé.

Il y en a d'autres qui ont avorté une ou plusieurs fois dans leur vie pour garder l'honneur apparente dans la famille et dans le quartier.

Il y a aussi des jeunes hommes et des adultes qui ont violé de petites filles ou qui en ont abusé d'une manière ou d'une autre.

La guerre à l'Est de la République Démocratique du Congo a déchiré les familles et insulté le mariage et la gestion sexuelle si bien que les conséquences malheureuses sont incalculables.

Il y a de la place pour les uns et pour les autres au pied de la croix du Seigneur car Judas est absent.

Il y a de la place autour de la table du ressuscité car Thomas a abandonné sa chaise vide.

Il y a de la place pour cette femme belle et gentille qui est encore stérile !

Il y a de la place pour la repentance, la réconciliation et la restauration de tous.

Comme Jésus a pris notre place au bois du Calvaire, alors levons-nous comme un seul homme pour imiter l'exemple de ce jeune couple ami Didier-Fortuna pour continuer la route avec le Seigneur.

Ceci concerne aussi ceux qui voient le mariage encore dans l'imaginaire, ainsi que ceux qui regardent dans la lunette avant et ceux voient les choses dans le rétroviseur.

L'Auteur

.

REGULARISATION NUPTIALE

C'est une bonne décision que celle de venir déposer son mariage après l'étape coutumière et civile aux pieds du Seigneur Jésus.

Nous avons été nourris dans la présentation de cette régularisation du mariage des 7 couples de l'Eglise La Borne de la Ville de Bandundu dans leur paroisse centrale conduite par le Pasteur Pascal Kalala qui a fini par leur faire signer dans le livre d'or des conjoints avec la remise des cadeaux et l'échange de vœux.

Et avant d'y arriver, nous avons bénéficiés d'une intervention sur la régulation du mariage dans la présence de Dieu.

Il fut animé par un pasteur visiteur.

Et dans son intitulé, la question était posée sur l'origine du mariage.

VOTRE MARIAGE VIENT-IL DE DIEU ?

La loi des origines nous donne une lumière supplémentaire sur le comportement de ceux avec qui nous vivons en famille ou en société.

« Abraham dit à son serviteur, le plus ancien de sa maison, l'intendant de tous ses biens:

Mets, je te prie, ta main sous ma cuisse;

Et je te ferai jurer par l'Éternel, le Dieu du ciel et le Dieu de la terre, de ne pas prendre pour mon fils une femme parmi les filles des Cananéens au milieu desquels j'habite,

Mais d'aller dans mon pays et dans ma patrie prendre une femme pour mon fils Isaac.

Le serviteur lui répondit: Peut-être la femme ne voudra-t-elle pas me suivre dans ce pays-ci; devrai-je mener ton fils dans le pays d'où tu es sorti?

Abraham lui dit: garde-toi d'y mener mon fils!

L'Éternel, le Dieu du ciel, qui m'a fait sortir de la maison de mon père et de ma patrie, qui m'a parlé et qui m'a juré, en disant:

Je donnerai ce pays à ta postérité, lui-même enverra son ange devant toi; et c'est de là que tu prendras une femme pour mon fils.

Si la femme ne veut pas te suivre, tu seras dégagé de ce serment que je te fais faire. Seulement, tu n'y mèneras pas mon fils. » Genèse 24 :2-8

Isaac n'était pas sorti pour aller chercher sa propre femme. Il resta ainsi à la maison pour attendre celle qui sera la femme de sa vie.

Et le serviteur alla en lieu et place d'Isaac et lui ramena Rebecca, une femme serviable et de bon cœur.

Aujourd'hui, les hommes se marient par la séduction, l'attraction extérieure ou pour des motifs d'intérêts proches ou lointains.

Ils écartent ainsi Dieu qui est l'Auteur de cette institution qui fait la différence entre les hommes et les animaux.

Dans tout l'univers, il n'y a que l'homme et la femme qui se marient dans le respect du genre et du sexe.

Les animaux cohabitent et se changent de partenaires même au niveau de la famille de base.

Dans la gestion de la maîtrise de soi, on peut bien se contrôler au niveau de l'action.

Les réactions et les émotions nous exigent plus de sagesse et de continence.

LA MAIN SUR LA CUISSE

La main sur la cuisse était un geste particulier chez le peuple juif pour faire un vœu.

Isaac ne savait pas que son père faisait un vœu à son serviteur pour la réussite de son mariage.

« Lorsqu'Israël approcha du moment de sa mort, il appela son fils Joseph, et lui dit:

Si j'ai trouvé grâce à tes yeux, mets, je te prie, ta main sous ma cuisse, et use envers moi de bonté et de fidélité: ne m'enterre pas en Égypte! » Genèse 47:29

Nous voyons que la cuisse qui est le symbole de la force était utilisée pour faire les vœux non réversibles. De même que Jacob fit jurer son fils Joseph en lui demandant de mettre sa main sous sa cuisse, ainsi Abraham en son temps fit jurer son serviteur :

- De ne pas prendre pour son fils une fille parmi les cananéens,
- Si la fille refusait de venir à la rencontre d'Isaac, de la laisser dans la maison de ses parents et de rentrer seul.

Le mariage qui vient de Dieu a des signes.

« Eternel fais-moi rencontrer celle qui sera ma femme car tu connais son cœur et tu pourras le tourner vers ta volonté. »

Telle devra être la prière de tout jeune qui veut rencontrer une bonne femme afin de parfumer et d'assaisonner son toit conjugal.

Pour ceux qui se sont déjà mariés sans avoir consulter le Seigneur au préalable, ils devraient tirer la leçon de ces 7 couples qui sont venus régulariser leur mariage, non devant la tradition ou l'Etat Civil, mais devant Dieu.

Notre Dieu est le véritable réparateur des brèches car il est à la fois l'architecte et le maçon.

Nous vivons dans une période cruciale de l'histoire des hommes car les filles vierges se comptent à peine au bout des doigts.

Quiconque se marie à une fille ayant connu un autre homme vit avec la femme d'autrui dans son foyer.

Avec les études supérieures pour la jeune-fille, elle a été davantage exposée aux multiples loups ravisseurs de la société.

Que faire si on est dans pareil cas ?

Bonne question !

Il faudra venir déposer son mariage au pied de la croix car il y a une place comme Judas est absent.

Oui, il y a une place à la table après la résurrection du Seigneur car la chaise de Thomas est bien vide.

LE SIGNE

Adam dormait alors que Dieu formait pour lui la femme à partir d'un os tiré de son corps.

Il faudra bien dormir pour se réveiller devant celle qui est votre future épouse.

Dans la loi divine de la création, Dieu avait prévu une femme pour un homme. Mais après la formation de l'homme et de la femme, il y a eu des moments difficiles qui ont fait qu'il y ait finalement plus de femmes que d'hommes et pour fuir la pauvreté, la polygamie fut instaurée pour éviter la prostitution.

Il faut bien dormir en face des autres femmes pour ne vous réveiller que devant la vôtre.

Adam sursauta quand il vit Eve devant lui ce jour-là. Mais pour combien de temps ?

A vous de me le dire !

Un jour, tu vas t'exclamer quand tu te retrouveras devant la femme de ta vie car tu auras arrêté de dormir.

Quand quelqu'un vous présente sa future épouse, il faudra bien lui poser la question de savoir s'il avait suffisamment dormi !

Si non, il ne saura pas gérer ses réactions et ses émotions devant d'autres femmes.

Et ceux qui n'ont pas suffisamment dormi avant de s'introduire dans le mariage ont des problèmes sérieux pour faire décoller l'avion.

« Et il dit: Éternel, Dieu de mon seigneur Abraham, fais-moi, je te prie, rencontrer aujourd'hui ce que je désire, et use de bonté envers mon seigneur Abraham!

Voici, je me tiens près de la source d'eau, et les filles des gens de la ville vont sortir pour puiser l'eau.

Que la jeune fille à laquelle je dirai: Penche ta cruche, je te prie, pour que je boive, et qui répondra: Bois, et je donnerai aussi à boire à tes chameaux, soit celle que tu as destinée à ton serviteur Isaac! Et par là je connaîtrai que tu uses de bonté envers mon seigneur. » Genèse 24 :12-14

Le signe a servi au serviteur d'Abraham à identifier la future épouse d'Isaac.

Ce serviteur avisé s'est confié à Dieu et non à une personne humaine afin de réussir dans sa mission.

Il y avait plusieurs filles qui venaient puiser de l'eau au même puits, mais son choix fut porté sur celle qui répondit aux conditions du signe placé dans son attachement envers Dieu.

Non seulement la fille donna de l'eau au serviteur d'Abraham, mais elle abreuva aussi 10 chameaux qui étaient avec lui !

Un seul chameau prend plus ou 50 litres par jour et si l'on calcule pour les 10 chameaux, c'est presque 3 fûts de 200 litres d'eau que cette jeune fille donna à un inconnu.

Il y a des filles belles de figure et bonnes de cœur comme Rebecca et qui ont gardé leur virginité !

De nos jours cette intervention choque car la fille contemporaine a perdu cette vertu à cause des loups ravisseurs qui se sont infiltrés au milieu des enfants de Dieu.

Nous vivons comme des bêtes sauvages dans les champs et toutes femelles appartiennent tristement à tous les mâles.

Et la régulation du mariage dans une telle société est une consécration conjugale pour ouvrir les portes qui étaient jadis fermées à cause du péché dont le salaire est la mort.

Le mariage coutumier et le mariage civil ont des limites que leurs initiateurs ne sauront pas dépasser.

Le mariage devant Dieu fait la différence entre l'homme et l'animal. Et comme je ne cesse de le répéter, il faudrait se référer à la volonté de Dieu que de suivre aveuglement les hommes mortels !

Si tu rencontres une fille vierge sur ton chemin c'est une bénédiction qui vient de Dieu car c'est bien cela la volonté de Dieu.

Si tu peux rencontrer sur ta route un jeune homme chaste, c'est un futur époux qui vient de Dieu.

Comme le monde nous arraché cette vertu en famille, à l'école, en société et même dans l'église, c'est alors que nous assistons en ce jour solennel la régularisation de mariage de ces 7 couples parmi lesquels se trouve ce couple ami Didier-Fortuna pour exprimer leur vœu de vivre dorénavant selon la volonté de Dieu.

Nombreux vivent sous un même toit conjugal comme l'enfant prodigue loin de la volonté de Dieu.

Devant la coutume et l'Etat Civil, ils sont irréprochables, mais devant Dieu ; il faudrait qu'ils se mettent en ordre.

Comme ces 7 couples ont pris la ferme décision de réajuster les aiguilles de l'horloge nuptiale afin de bénéficier de la bénédiction qui vient de Dieu.

Si je m'étais marié à une femme vierge…

Si j'avais rencontré un homme chaste sur ma route…

Si je n'avais pas avorté dans ma jeunesse…

Si j'avais prié avant de me marier, je serai tombé sur une bonne femme…

Nombreux se sont mariés à la hâte et ont vu les signes en retard et se promènent avec la main à la joue et la tête baissée. Ils ne savent plus à quel vent se vouer et comment réparer l'irréparable ?

Il y a une place pour chacun de nous pour régulariser le mariage, entre les deux partenaires et avec Dieu.

Entre les deux partenaires, c'est avec un renouvèlement de vœu de fidélité et avec Dieu, c'est dans le repentir, la réconciliation et la restauration.

Le toit conjugal est celui du pardon mutuel.

Quand on veut tendre sa main à une femme, il faudra bien considérer sa mère pour avoir une idée de ce qu'elle sera dans une trentaine d'années.

Le caractère caché produit des signes extérieurs qui nous montrent effectivement le vrai cœur de notre partenaire conjugal.

Rebecca fut une femme serviable car elle abreuva le serviteur d'Abraham et 10 chameaux qu'il avait avec lui.

L'humilité et la disponibilité de cette femme ont fait d'elle une icône dans le domaine marital.

Elle est aujourd'hui un exemple pour beaucoup de couples afin de vivre mieux et en paix.

Comme nous venons de comprendre comment se passent les choses à l'école de Rebecca, alors, allons de l'avant et régularisons avec Dieu et entre nous pour un nouveau départ de renaissance et d'épanouissement.

L'ACCOMPLISSEMENT

« L'homme la regardait avec étonnement et sans rien dire, pour voir si l'Éternel faisait réussir son voyage, ou non.

Quand les chameaux eurent fini de boire, l'homme prit un anneau d'or, du poids d'un demi-sicle, et deux bracelets, du poids de dix sicles d'or et les donna à Rebecca.

Et il dit: De qui es-tu fille? Dis-le-moi, je te prie. Y a-t-il dans la maison de ton père de la place pour passer la nuit?

Elle répondit: Je suis fille de Bethuel, fils de Milca et de Nachor.

Elle lui dit encore: Il y a chez nous de la paille et du fourrage en abondance, et aussi de la place pour passer la nuit.

Alors l'homme s'inclina et se prosterna devant l'Éternel,

En disant: Béni soit l'Éternel, le Dieu de mon seigneur Abraham, qui n'a pas renoncé à sa miséricorde et à sa fidélité envers mon seigneur! Moi-même, l'Éternel m'a conduit à la maison des frères de mon seigneur.

La jeune fille courut raconter ces choses à la maison de sa mère. » Genèse 24 :21-28

Le serviteur d'Abraham était en étonnement à l'accomplissement du signe que lui-même avait demandé à Dieu.

Adam fut aussi dans la stupéfaction à la vue d'Eve.

Et quiconque consacrera son mariage à Dieu qui est plus grand et plus puissant que le serviteur d'Abraham et l'ange de ce jour-là ne sera point confondu.

Le problème c'est celui de dire « oui » à Dieu et de suivre sa volonté. La fidélité et l'obéissance n'ont jamais trompé et n'échouent point.

Les 7 couples que nous voyons devant les serviteurs de Dieu pour la régularisation de leur mariage devant Dieu ont pris la bonne décision que je vous exhorte aussi à prendre.

L’échange de vœu de fidélité entre les deux partenaires et le port des bagues ne sont que des pains de proposition alors que la manne, la volonté de Dieu est celle de se réconcilier avec lui par la vraie repentance afin de vivre un nouveau départ pour une nouvelle restauration qui se prolongera dans la vie éternelle.

Comme ils ont pris la bonne décision, ils seront étonnés de la visitation de Dieu dans leur vie conjugale et rien ne saura les nuire !

Quand les chameaux eurent fini de boire, l'homme prit un anneau d'or, du poids d'un demi-sicle, et deux bracelets, du poids de dix sicles d'or et les donna à Rebecca.

L’humilité de Rebecca l’a rendue une femme inoubliable au milieu des enfants de Dieu. Comme susmentionné, il n’est pas facile d’abreuver 10 chameaux avec juste une cruche.

Et comme ces 7 couples ont accepté de s’humilier devant le Seigneur, Dieu leur donnera le Saint-Esprit qui est l’esprit de sagesse et d’intelligence d’en haut afin qu’ils vivent en paix dans sa présence.

C'est ainsi que le serviteur d'Abraham se rendit en famille. De même, en acceptant de consacrer son mariage à Dieu pour régularisation, on invite non pas le serviteur d'Abraham ou un ange sous le toit conjugal, mais Dieu lui-même.

Et chaque fois que Rebecca regardait l'anneau et les bracelets et elle se souvenait des 10 chameaux qu'elle avait abreuvés en son temps.

Notre Dieu ne vient pas dans notre toit conjugal pour boire et pour manger. Il vient pour nous soutenir car le mariage est sacré.

Le sexe est sacré !

Le lit conjugal est aussi sacré !

LE BON CHOIX

« Et il m'a répondu: L'Éternel, devant qui j'ai marché, enverra son ange avec toi, et fera réussir ton voyage; et tu prendras pour mon fils une femme de la famille et de la maison de mon père. » Genèse 24 :40

Le bon choix est celui qui vient de Dieu et non des hommes.

Et en consacrant son mariage à Dieu, on devient caché dans le sein du Seigneur loin de toute tentation et de tout vent contraire.

Il y a encore de la place aux pieds du Seigneur car il donne la vie, la vraie vie qui commence dans ce système des choses, qui traverse le dernier rectangle et qui se prolonge dans la vie éternelle.

Comme Isaac obtint une femme belle de figure et bonne de caractère, Dieu va alors transformer les cœurs des conjoints qui viendront vers lui, en aussi grand nombre qu'ils pourraient être pour agir mieux que le père à l'enfant prodigue.

Cela fait bien longtemps que nombreuses personnes vivent comme des bêtes sauvages, sans loi et sans retenue. Et voici le jour, le moment et l'heure de la restauration pour un nouveau départ.

Les anneaux et les cadeaux ainsi que toutes ces belles phrases prometteuses ne sont que l'enveloppe de l'amour de Dieu manifesté en Jésus.

Par cette régularisation du mariage, Dieu ouvre des portes de la fécondité, de la prospérité et de la restauration totale.

LA VIRGINITE

« Si un homme séduit une vierge qui n'est point fiancée, et qu'il couche avec elle, il paiera sa dot et la prendra pour femme. » Exode 22:16

Combien de femmes auxquelles la virginité a été arrachée sans pitié ni retenue par ceux-là qui veulent bien se marier à des filles vierges aujourd'hui sans bien regarder dans le rétroviseur de leur propre passé ?

Le voleur qui refuse d'être volé !

Coucher avec une vierge en dehors du toit conjugal est comme jouer au football au marché. Et cela coûte la valeur d'une dot avant de la prendre en mariage.

En d'autres termes ta propre fiancée devra restée telle jusqu'au mariage. C'est dur mais c'est bien cela la volonté de Dieu.

Il n'y a pas de relations sexuelles même entre les fiancés avant le mariage proprement dit !

C'est à cause de cela qu'il y a beaucoup de maladies, de mortalité, de stérilité et d'interférences au milieu des enfants de Dieu dans le mariage.

Et si quelqu'un qui est en train de me lire se retrouve dans une pareille situation, il faudrait qu'il vienne déposer ses fardeaux aux pieds du Seigneur afin de se réconcilier avec Dieu par un engagement sincère à ne plus rentrer se vautrer dans la boue pour un nouveau kilomètre de restauration et d'épanouissement.

Le plus grand péché consiste à demeurer dans le péché sans se repentir et porter les fruits dignes de ladite repentance.

Le médecin et le mécanicien prennent tous la douche le matin avant de se rendre au travail !

Le sang de Jésus est capable de nous purifier quel que soit notre péché. Que l'apparence ne nous y trompe et rejoignons les bien-aimés sur l'estrade de la sanctification, l'obéissance et la fidélité pour aller plus loin avec notre Dieu.

Quelqu'un me dira :

« Si je le savais, je devrais garder ma virginité jusqu'au jour de la célébration nuptiale... »

Il y a encore de la place aux pieds du Seigneur Jésus. Viens déposer la cruche de ton péché et il te donnera de l'eau vive. Tu iras alors vers les autres pour leur annoncer la bonne nouvelle du royaume des cieux.

Un autre dira :

« Comme, j'ai connu plusieurs filles et fendu leur virginité, Dieu ne pourrait-il pas refuser de me pardonner ? »

Si le père de l'enfant prodigue l'avait accepté malgré sa rébellion, à combien plus forte raison la Seigneur Jésus ne nous accueillerait-il pas dans la bergerie ?

SIGNE DE RESPECT POUR LA FEMME

« Il lui impute des choses criminelles, en disant: Je n'ai pas trouvé ta fille vierge. Or voici les signes de virginité de ma fille. Et ils déploieront son vêtement devant les anciens de la ville. » Deutéronome 22:17

La virginité est un signe de respect pour la femme.

Les parents de la fille dans l'ancienne alliance gardaient jalousement les vêtements ou les draps maculés de sang de la nuit des noces comme signe pour le respect de leur fille dans le mariage qui est une institution venue de la part de Dieu jusqu'à la mort.

La vie de sanctification est une attitude de virginité spirituelle dans la présence de notre Dieu.

« Dresse des signes, place des poteaux, Prends garde à la route, au chemin que tu as suivi... Reviens, vierge d'Israël, Reviens dans ces villes qui sont à toi! » Jérémie 31:21

Nous devrions fuir le mal de loin afin de garder notre sanctification tout le long de notre marche avec le Seigneur.

« Il ne prendra ni une veuve, ni une femme répudiée, ni une femme déshonorée ou prostituée; mais il prendra pour femme une vierge parmi son peuple. » Lévitique 21:14

Ce verset brise le cœur de plusieurs.

Donc un enfant de Dieu ainsi qu'un serviteur de Dieu ne pourront pas prendre pour femme :

- Une veuve,
- Une femme prostituée
- Une femme qui a déjà connu les hommes

Dans la maison de Dieu, on ne se marie qu'aux femmes vierges.

Et les autres, que vont-elles devenir car de fois, elles ne sont même pas la base de leur situation actuelle ?

Cela constitue une charge à déposer aux pieds du Seigneur avec un engagement ferme de porter les fruits dignes de la repentance.

VENUE DU SEIGNEUR DANS LE MONDE

« Voici, la vierge sera enceinte, elle enfantera un fils, et on lui donnera le nom d'Emmanuel, ce qui signifie Dieu avec nous. » Matthieu 1:23

Le Seigneur n'est pas venu par une femme trop belle qui a fait de longues études. Il est venu par une vierge de la tribu de Juda dont le fiancé vivait dans la discipline sexuelle avec elle.

Joseph est un homme qui vivait au-dessus de la ceinture alors qu'il était fiancé et restait dans la même maison avec la Mère du Seigneur !

Ils vivaient en harmonie comme de véritables brebis dans la bergerie du Seigneur. C'est pratiquement un modèle à suivre pour les jeunes fiancés qui tiennent en main la Bible.

Il y a des principes à respecter dans la vie. Le train roule sur le chemin de fer. Le bateau va sur l'eau et l'oiseau dans les airs.

L'homme créé à l'image et à la ressemblance de Dieu devra vivre dans la Parole de Dieu pour aller plus loin.

LE RETABLISSEMENT

« Je te rétablirai encore, et tu seras rétablie, Vierge d'Israël! Tu auras encore tes tambourins pour parure, Et tu sortiras au milieu des danses joyeuses. » Jérémie 31:4

Dieu est capable de nous rétablir et de nous redonner notre virginité d'antan.

Toute femme que l'on voit aujourd'hui dans les boîtes de nuit fut un jour vierge et un homme méchant fendit son honneur pour la laisser dans les rues de la ville.

Elle est aujourd'hui une femme prostituée, mais il y a un auteur de cet état de chose qui attend pour se marier à une vierge.

Que Dieu nous pardonne et qu'il nous donne un cœur à pardonner aussi les autres et à les amener sur le chemin du Seigneur.

C'est bien cela la raison profonde de cette régularisation nuptiale car sans sanctification, il n'y a pas de vie chrétienne !

Comme tu as compris la leçon, alors lève-toi et va rejoindre les autres à l'estrade de la sanctification et de la crainte de Dieu.

Dans l'Ancienne Alliance, les pauvres ne pouvaient pas se faire pardonner par manque de moyens car il fallait sacrifier des bêtes pour obtenir le pardon annuel de Dieu.

Aujourd'hui nous sommes dans cette dispensation que beaucoup de serviteurs de Dieu ont saluée de loin et le pardon éternel est devenu gratuit pour le riche et pour le pauvre.

En dépit de tout cela, les gens traînent les pieds par terre alors que nous n'avons plus beaucoup de temps.

Cette décision que tu prendras pour consacrer ton mariage entre les mains de Dieu va t'ouvrir des portes que personne ne saura fermer.

Le bon choix t'appartient et nous n'avons pas reçu mandat ni qualité de forcer les autres à nous rejoindre dans les couloirs de la vie éternelle!

La bonne décision de suivre le Seigneur Jésus vaut mieux que l'or et l'argent !

SANS TRACE

« La trace de l'aigle dans les cieux,
La trace du serpent sur le rocher,
La trace du navire au milieu de la mer,
Et la trace de l'homme chez la jeune femme. »
Proverbes 30:19

Il n'y a pas de trace sur le corps de la jeune fille qui a perdu sa virginité avant le mariage proprement dit et la société contemporaine s'est finalement résolue de garder silence et de vivre avec son mal.

Ce n'est vrai de croire que quand l'on ferme les yeux, il ne fait plus jour.

Nous devrions regarder les choses en face et faire le bon choix car rien ne peut remplacer cette vie que nous avons reçue de notre Dieu !

Celle qui est encore vierge le sait et le manifestera en son temps et celle qui ne l'est peut nous rejoindre sur l'estrade de la repentance et de la réconciliation avec le Seigneur Jésus pour un nouveau départ.

EN EGYPTE

« Elles se sont prostituées en Égypte,
Elles se sont prostituées dans leur jeunesse;
Là leurs mamelles ont été pressées,
Là leur sein virginal a été touché. » Ézéchiel 23:3

Nous sommes tous prostitués en Egypte et nous avons tous péché.

Seulement, cette fois-ci l'occasion de rentrer dans bergerie du Seigneur est devant nous.

Etre en Egypte c'est vivre une vie mondaine loin de la loi de Dieu. Et en quittant le monde, nous traversons la Mer Rouge pour entrer dans le désert où devrions dorénavant dépendre de la manne, de la colonne de feu, de nuée et de l'eau du rocher.

Allons vers notre Seigneur nous décharger de tous nos péchés pour mener dorénavant une vie sainte et pure dans l'obéissance, la fidélité et le discipline dans la Parole de Dieu.

Et là il y a une place pour tous :

- Ceux de Jérusalem
- De la Judée
- De la Samarie et
- Ceux des extrémités de la terre.

Nous avons quitté le monde pour devenir des témoins de Jésus à Jérusalem (notre famille restreinte), en Judée (notre quartier), en Samarie (notre nation) et jusqu'aux extrémités de la terre (les autres nations).

Ne croisons pas les bras pour demeurer des spectateurs dans la bergerie du Seigneur.

Nous sommes sauvés pour rendre le salut accessible aux autres et bénis afin de vulgariser la prospérité.

Le problème n'est pas le fait d'avoir été en Egypte, mais celui de ne plus y retourner !

« Car je suis jaloux de vous d'une jalousie de Dieu, parce que je vous ai fiancés à un seul époux, pour vous présenter à Christ comme une vierge pure. » 2 Corinthiens 11:2

Nous ne sommes plus du monde, car la bonne nouvelle nous a amenés vers le Seigneur qui nous a rassemblés en son corps.

Et le Corps de Christ doit être pur comme une vierge car lui-même naquit en son temps de la Vierge Marie.

La vie de sanctification est notre part commune car le jugement commencera dans la maison du Seigneur.

Allons ainsi à l'Ecole de Job pour ne point nous intéresser aux vierges qui attendent leur mari d'une manière particulière comme il est écrit :

« J'avais fait un pacte avec mes yeux, Et je n'aurais pas arrêté mes regards sur une vierge. » Job 31:1

Laissons les vierges des autres tranquilles et allons dans le champ du Seigneur ramener ceux-là qui sont encore dans l'ombre de la mort vers la lumière du Seigneur.

LE DIVORCE

« Mais moi, je vous dis que celui qui répudie sa femme, sauf pour cause d'infidélité, l'expose à devenir adultère, et que celui qui épouse une femme répudiée commet un adultère. » Matthieu 5:32

Nous nous marions pour demeurer unis jusqu'à la mort. Et sans esprit de pardon, il est trop difficile de résister au vent contraire.

La seule raison mentionnée est celle de l'infidélité dans le sens, selon moi, de l'adultère. Et il faudra éviter de se marier à une femme répudiée.

Et j'ai parcouru la Bible pendant plus de 30 ans et je n'ai trouvé nulle part où un homme de Dieu divorce d'avec sa femme !

Ce que nous voyons de nos jours me fait peur et je ne sais à quel vent me vouer.

L'homme est fait pour ne connaître qu'une seule femme et cette dernière un seul homme.

Ce que nous voyons en cette dispensation de la grâce est un pain de proposition et non la manne.

Les gens s'embrouillent dans le sentiment et dans l'intérêt et s'enfoncent davantage dans le mal.

Dans l'Ancienne Alliance, un maître pouvait faire partir une esclave qu'il avait prise pour femme même en dehors du cas d'infidélité comme il est écrit :

« Si elle cesse de te plaire, tu la laisseras aller où elle voudra, tu ne pourras pas la vendre pour de l'argent ni la traiter comme esclave, parce que tu l'auras humiliée. » Deutéronome 21:14

La femme qui était esclave ne pourra plus être revendue ni continuer à être considérée comme esclave car le mariage l'a élevée et une telle pratique serait une humiliation de la part de son initiateur.

Et dans le mariage à la lumière de la Bible, c'est l'homme qui quitte son père et sa mère pour aller s'attacher à sa femme et devenir une seule chair.

Se marier c'est mener une vie d'un commun accord tout en respectant les droits de chacun.

Si tu t'es marié à une femme répudiée et que tu vis avec elle jusqu'à ce jour et que tu te sens reproché par la Parole de ce soir en ce culte de régularisation du mariage devant Dieu, use de cette opportunité pour rejoindre les autres sur l'estrade de la repentance et de la réconciliation avec Dieu et prends la ferme résolution de ne plus rentrer te vautrer dans la boue.

Comme le Seigneur notre Dieu renouvelle sa bonté chaque matin, alors dépose avec foi ton fardeau aux pieds de celui qui a le pouvoir de pardonner tous les hommes s'ils le lui demandent de tout leur cœur.

Garde les yeux fermés et entre dans la présence de Dieu pour expérimenter un nouveau départ avec le Seigneur Jésus !

Va dans le fond de ton cœur pour parler dans le secret pour t'adresser à celui qui peut donner un nouveau départ à ta vie maritale.

Il y a encore de la place à la croix car Judas est absent. Il y a encore de la place autour de la table du ressuscité car Thomas n'est pas présent !

Si j'avais gardé mon ancien mariage, je ne verrais pas ce décor nauséabond et avec toute cette rigueur des Saintes Ecritures, qui pourra aller au ciel ?

Comme tu as entendu cette adresse de la bonne nouvelle, fais le bon choix et compte sur l'Agneau de Dieu qui enlève le péché du monde.

Il est venu aussi pour ta cause et confie-toi à lui. Rassemble ta force et dépose ton fardeau à et il donnera du repos et te permettra d'aller plus loin dans la paix du cœur.

Alors rejoins les autres et ensemble comme les membres d'un même corps levons nos mains pour célébrer par la foi la visitation divine pour une renaissance de restauration et de prospérité avec Jésus.

CONCLUSION

On ne se marie pas pour divorcer le surlendemain car c'est une institution de Dieu qui devra être respectée jusqu'à la mort.

Le mariage vient de Dieu et doit être conforme aux instructions divines y afférentes.

Il n'y a pas de relations sexuelles en dehors du mariage.

De nos jours avant de nous rendre devant Dieu, le tout commence dans la famille de la fille où l'homme va se présenter pour solliciter la main de sa future épouse.

Une fois terminer avec cette étape où le droit de veto appartient au père ou à l'oncle maternelle de la future épouse selon les us et coutumes des uns et des autres ; on se rend alors devant l'Officier de l'Etat Civil pour se faire enregistrer conformément à la loi du lieu de résidence.

Et juste après on se rend devant Dieu pour l'inviter à accompagner les deux jeunes mariés dans leur nouvelle trotte sur cette terre car le dernier rectangle en est le terminus.

Et c'est là que la bénédiction divine l'emporte sur celle de la famille de la femme et celle de l'Etat Civil.

Si tu n'as pas eu l'opportunité de passer par ces trois étapes, il y a encore une porte ouverte pour te mettre en ordre avec le Seigneur.

Si tu as un solde à payer pour ta dot, fais-le pendant qu'il fait encore jour que nos amis l'ont fait et sois en ordre avec l'Etat Civil avant de venir pour une célébration nuptiale de régularisation devant Dieu afin que tu réussisses en tout ce que tu entreprendras.

Le mariage est sacré !

Le sexe est sacré !

Le lit conjugal est sacré !

La virginité est aussi sacrée !

Avant que je remette le capuchon de mon stylo à bille, j'aimerais prendre quelques dernières lignes pour parler de la vieillesse du roi David.

« Le roi David était vieux, avancé en âge; on le couvrait de vêtements, et il ne pouvait se réchauffer.

Ses serviteurs lui dirent: Que l'on cherche pour mon seigneur le roi une jeune fille vierge; qu'elle se tienne devant le roi, qu'elle le soigne, et qu'elle couche dans son sein; et mon seigneur le roi se réchauffera.

On chercha dans tout le territoire d'Israël une fille jeune et belle, et on trouva Abischag, la Sunamite, que l'on conduisit auprès du roi.

Cette jeune fille était fort belle. Elle soigna le roi, et le servit; mais le roi ne la connut point. » 1 Rois 1 :1-4

La virginité d'Abischag, la Sunamite guérit en son temps le roi David de sa maladie du froid. Elle dormit en son sein mais ce dernier n'eût de relation sexuelle avec elle.

A cet âge, le roi David avait finalement dépassé sa ceinture et vivait pour le cœur et pour l'esprit.

Beaucoup de foyers ont été détruits par le dessous de la ceinture car tout péché que commet l'homme est en dehors de lui. Mais celui qui pèche par le sexe, pèche contre lui-même. Il détruit ainsi le Temple de Dieu de son corps et s'expose à la ruse et à la tentation du diable.

La virginité, la fidélité, l'obéissance et la discipline sont des ingrédients pour la réussite du mariage.

Si tu as perdu certains ingrédients, rassemble ton courage et viens nous rejoindre à l'estrade de la repentance, la réconciliation et la restauration avec Dieu.

Comme tu as finalement compris la leçon sur la régulation du mariage devant Dieu, alors ne recommence plus jamais car la grâce est trompeuse. Elle n'est pas éternelle !

L'Auteur

L'AUTEUR

Sylvanus Mulowayi Wa Kayumba, Traducteur Assermenté, Polyglotte, Aumônier et Prédicateur de la Parole de DIEU.

Avec une plume vieille de 37 ans dans la main, en cavalier solitaire, il a pour passion, les idées nobles, le travail bien fait et l'amour du beau.

Près de la moitié de sa vie, il l'a passée avec les malades et les prisonniers à l'aumônerie.

Une chose est vraie, c'est que tout homme a le droit d'aimer, d'apprécier et de penser. Sa force est dans le plaisir d'écrire et de lire aussi les autres. Il a beaucoup de respect, d'égard et de déférence pour le stylographe et la feuille de papier.

Son rêve est de rassembler la brise et la tempête dans un même lit et sous un même drap pour un monde conduit par l'amour et le pardon.

Son attente est qu'un jour le riche et le pauvre, le fort et le faible, le maître et l'esclave se rencontrent pour contempler ensemble celui de qui ils sont sortis et vers qui ils rentreront un jour, chacun en son temps et en sa circonstance.

Ne peut recevoir que celui qui a déjà donné une fois, au moins !

L'Auteur

Sylvanus Mulowayi Wa Kayumba
Email : dasylvahmolvak@gmail.com
You Tube : Dasylvah Only Jesus

TABLE DES MATIERES

Sylvanus Mulowayi Wa Kayumba

IF, AS, THEN...

Regularize Your Marriage Before God

French-English

IF, AS, THEN...

INTRODUCTION

A week before the wedding ceremony, an invitation was given to me to regularize the marriage of a friendly couple.

They had already settled the accounts at the level of the future wife's family at that time and at the level of the Civil Status.

We had been invited along with other friends for the celebration and the gift giving.

There remained a very important step, that of saying "yes" before the Lord by consecrating their union to Him for all the time they will spend together until the dead do part them.

There was a succession of conjunctions:

- Yes...
- As...
- Then...

Most young men ponder something in the depths of their hearts that looks like this:

If I can find the money, I will marry a woman of my choosing and liking who will become my helper.

And it was with her that I would share the rest of my life before returning to Him from whom I came!

If I finish my studies, I will find a good job and we will have a great wedding in front of the family, the Civil Registry of our jurisdiction and before God.

Oddly enough, some do not keep their promise and change partners on the day of the blessing.

Still others project into the conditional and say:

If I had been born into a wealthy family, things would be easier.

If I met a woman from a wealthy family, she would make me happy.

Young girls on the other hand are fearfully naive and dreamy and allow themselves to be deceived and tricked by charlatans and lose their dignity and expectations.

At the end of their rope, they find themselves abandoned to their sad fate by fox-fiancés!

There are also those who got married in a rush and find that they have wasted a lot of time in distraction and ruin.

They have followed the path of recklessness and risk and can no longer endure their own situation.

It was 5 p.m. when I entered the Central Church of the Borne of the City of Bandundu-Ville in the Province of Kwilu in the Democratic Republic of Congo, this Saturday November 28, 2020 which will remain unforgettable in the lives of 7 couples including the one who invited me.

Yes, 7 couples married before came to regularize their union in front of the One who has the first and the last word in the life of all men.

A little later, the ceremony effectively began with the opening word and the program for the day announced by Pastor Pascal Kalala, the Head of the said church in the city of Bandundu.

These 7 couples thus understood the importance of adding the effective presence of God to their union even though they had settled everything at the level of the family and the Civil Status.

God often intervenes beyond the distance of the bow of men, as in the case of Hagar when she had no more water and bread in the wilderness. And he never comes late for those who keep hoping on him.

There is a way to start over with God for the better.

As he will bless you this time, make your vow come true.

As he intervened in the life of Hagar and Ishmael, he will surely do it for you.

As it will open a door of glory for these 7 couples who have decided to bring it into their canoe to go to the other side, it will also do it for you.

The secret is to remain in his presence in all fidelity and in all obedience.

As he will be with us this time, so let us walk in fear and flee from evil from afar like eagles warned.

I'm addressing those who have married before in the law of interest and attraction of the outer shell, and telling them that nothing is impossible with God.

If anyone believes in God, they will see the glory of God.

There are many girls who have already lost their virginity. We will take time throughout this talk to talk widely about this in this talk.

There are others who have had abortions once or more in their life to keep the honor apparent in the family and in the neighborhood.

There are also young men and adults who raped or abused little girls in some way.

The war in eastern Democratic Republic of Congo has torn families apart and insulted marriage and sexual management so that the unfortunate consequences are incalculable.

There is room for both at the foot of the Lord's cross because Judas is absent.

There is room around the table of the Risen One because Thomas has abandoned his empty chair.

There is room for this beautiful and kind woman who is still sterile!

There is room for repentance, reconciliation, and the restoration of all.

As Jesus took our place in the wood of Calvary, then let us stand up as one man to imitate the example of this young couple friend Didier-Fortuna to continue the journey with the Lord.

This also applies to those who see marriage still in the imagination, as well as those who look through the front window and those who see things in the rearview mirror.

The Author

.

BREEDING REGULARIZATION

It is a good decision to come and deposit your marriage after the customary and civil stage at the feet of the Lord Jesus.

We were fed in the presentation of this regularization of the marriage of the 7 couples of the « La Borne » Church of the City of Bandundu in their central parish led by Pastor Pascal Kalala who ended up having them sign in the spouses' guestbook with presents delivery and vows exchange.

And before we got there, we had an intervention on regulating marriage in the presence of God.

It was led by a visiting pastor.

And in its title, the question was asked about the origin of the marriage.

IS YOUR MARRIAGE COMING FROM GOD ?

The law of origins gives us additional light on the behavior of those with whom we live in family or in society.

“Abraham said to his servant, the oldest of his house, the steward of all his possessions:

Put, I pray you, your hand under my thigh;

And I will make you swear by the Lord, the God of heaven and the God of earth, that you will not take a wife for my son among the daughters of the Canaanites, in whose midst I live,

But to go to my country and to my homeland to take a wife for my son Isaac.

The servant answered him, Perhaps the woman will not want to follow me into this land; should I take your son to the country you came from?

Abraham said to him, Take care not to lead my son there!

The Lord, the God of heaven, who brought me out of my father's house and out of my fatherland, and who spoke to me and swore to me, saying:

I will give this land to your seed, he himself will send his angel before you; and it is from there that you will take a wife for my son.

If the woman does not want to follow you, you will be released from this oath that I make you take. Only you will not lead my son there." Genesis 24: 2-8

Isaac had not gone out to get his own wife. He stayed at home waiting for the woman who will be his life wife.

And the servant went in Isaac's stead and brought him back Rebecca, a helpful and kind-hearted woman.

Today, men marry by seduction, outward attraction or for reasons of interest near or far.

They thus set aside God who is the Author of this institution which makes the difference between men and animals.

In the whole universe, there are only men and women who marry with respect for gender and sex.

Animals live together and change partners even at the basic family level.

In managing self-control, you can control yourself well at the action level.

Reactions and emotions require more wisdom and continence from us.

HAND ON THIGH

Hand on thigh was a special gesture among Jewish people to make a wish.

Isaac did not know that his father was making a wish to his servant for the success of his marriage.

“When Israel drew near to the time of his death, he called his son Joseph, and said unto him,

If I have found favor in thy eyes, please put thy hand under my thigh, and be kind to me, and loyalty: do not bury me in Egypt! » Genesis 47:29

We see that the thigh which is the symbol of strength was used to make non-reversible vows. Just as Jacob made his son Joseph swear by asking him to put his hand under his thigh, so Abraham in his time made his servant swear:

• Not to take for his son a daughter among Canaanites,

• If the girl refused to meet Isaac, leave her at her parents' house and go home alone.

Marriage that comes from God has signs.

“Lord, make me meet the one who will be my wife because you know her heart and you can turn it to your will. "

This should be the prayer of every young person who wants to meet a good woman in order to perfume and season their marital roof.

For those who have already married without consulting the Lord beforehand, they should learn a lesson from these 7 couples who came to regularize their marriage, not before tradition or the Civil Status, but before God.

Our God is the true mender of breaches because he is both the architect and the mason.

We are living at a crucial time in human history as virgin girls can hardly be counted at fingertips.

Anyone who gets married to a girl who has known another man lives with another's wife in their household.

With higher education for young girls, they have been more exposed to multiple kidnapper wolves in society.

What if this is the case?

Good question !

It will be necessary to come and deposit the marriage at the foot of the cross because there is a place as Judas is absent.

Yes, there is a place at the table after the Lord's resurrection because Thomas's chair is quite empty.

THE SIGN

Adam slept as God made the woman for him from a bone taken from his body.

You will have to sleep well and wake up in front of the one who is your future wife.

In creation divine law, God provided a woman for a man. But after the man and the woman's formation, there were difficult moments which made that there have been finally more women than men and to escape poverty, polygamy was established to avoid prostitution.

You have to sleep well in front of other women to wake up only in front of your own.

Adam jumped when he saw Eve in front of him that day. But for how long ?

You can let me know about it !

Someday you're going to exclaim when you'll find yourself in front of your life woman because you will have stopped sleeping.

When someone introduces you to one's future wife, you have to ask him if he got enough sleep!

If not, he won't be able to deal with his reactions and emotions in front of other women.

And those who didn't get enough sleep before breaking into marriage have serious problems getting the plane off the ground.

“And he said, Lord, God of my lord Abraham, make me, I pray thee, meet this day what I desire, and be kind to my lord Abraham.

Behold, I am standing by the spring of water, and townspeople daughters will come out to draw the water.

Let the young girl to whom I will say, Tilt up your pitcher, I pray thee, that I may drink, and who will answer,

Drink, and I will give also to your camels to drink, that is, she whom you have made for your servant Isaac. And by that I will know that you are kind to my lord. " Genesis 24: 12-14

The sign was used by Abraham's servant to identify Isaac's future wife.

This wise servant trusted in God and not in a human person in order to succeed in his mission.

There were several girls who came to draw water from the same well, but his choice was made on the one who met the sign conditions placed in his attachment to God.

Not only did the girl give water to Abraham's servant, she also gave water to 10 camels that were with him!

A single camel takes more or 50 liters per day and if you calculate for the 10 camels, it is almost 3 drums of 200 liters of water that this young girl gave to a stranger.

There are girls with good looks and good heart like Rebecca who have kept their virginity!

Nowadays this intervention shocks because contemporary girls have lost this virtue since kidnapping wolves have infiltrated among God's children.

We live like wild beasts in fields and all females sadly belong to all males.

And marriage regulation in such a society is a conjugal consecration to open doors that were once closed because of sin whose wages are death.

Customary marriage and civil marriage have limits that their initiators cannot exceed.

Marriage before God makes the difference between men and animals. And as I keep repeating, we should refer to God's will instead of blindly following mortal men!

If you meet a virgin girl on your way, it is a blessing that comes from God because that is his will.

If you can meet a chaste young man on your way, it is a future husband who comes from God.

As the world snatched this virtue from us in family, at school, in society and even in the church, it is then that we are witnessing on this solemn day the regularization of the marriage of these 7 couples among which is this friend couple, Didier-Fortuna, to express their wish to henceforth live according to God's will.

Many live under one conjugal roof like the prodigal son far from the will of God.

Before traditional custom and Civil Status, they are irreproachable, but before God; they would have to get in order.

As these 7 couples made a firm decision to readjust the wedding clock hands in order to benefit from blessings that come from God.

If I got married to a virgin woman...

If I had met a chaste man on my way...

If I hadn't had an abortion in my youth...

If I had prayed before I got married, I'd have come across a good woman...

Many got married in a hurry and saw later bad signs and walk around with hand to cheek and head bowed down. They no longer know which wind to turn to and how to repair the irreparable?

There is a place for each of us to regularize marriage, between the two partners and with God.

Between the two partners, it is with a renewal of faithfulness wows and with God, it is in repentance, reconciliation and restoration.

The conjugal roof is that of mutual forgiveness.

When you want to reach out to a woman, you have to look at her mother to get an idea of what she will be like in her 30s.

The hidden character produces outward signs that effectively show us the true heart of our marriage partner.

Rebecca was a helpful woman because she watered Abraham's servant and 10 camels he had with him.

This woman’s humility and availability have made her an icon in marriage field.

Today she is an example for many couples to live better and in peace.

As we have just figured out how things are at Rebecca's school, so let's go ahead and straighten out with God and with each other for a new start of rebirth and fulfillment.

COMPLETION

“The man looked at her in astonishment and without saying anything, to see whether the Lord made his journey successful or not.

When camels had finished drinking, the man took a gold ring, weighing half a shekel, and two bracelets, weighing ten shekels of gold and gave them to Rebecca.

And he said: Whose daughter are you? Tell me, please. Is there room in your father's house to spend the night?

She answered: I am the daughter of Bethuel, the son of Milca and Nachor.

She said to him again, there is plenty of straw and fodder with us, and there is room to stay overnight.

Then the man bowed his head and bowed down to the Lord,

Saying: Blessed be the Lord, the God of my lord Abraham, who has not renounced his mercy and his faithfulness towards my lord! I myself the Lord brought me to the house of my lord's brethren.

The girl ran to tell these things to her mother's house. " Genesis 24: 21-28

Abraham's servant was in astonishment at the fulfillment of the sign that he himself had asked to God.

Adam was also amazed at the sight of Eve.

And whoever consecrates his marriage to God who is greater and more powerful than Abraham's servant and the angel of that day will not be confused.

The problem is to say "yes" to God and to follow his will. Faithfulness and obedience have never deceived and do not fail.

The 7 couples that we see before the servants of God for their marriage regularization before God have made the right decision that I also urge you to take.

Faithfulness vow exchange between the two partners and rings wearing are only shewbread whereas manna, God’s will is that to be reconciled with him by true repentance in order to live a new beginning for a new restoration that will continue into eternal life.

As they have made the right decision, they will be amazed at God's visitation in their marriage life and nothing will harm them!

When camels finished drinking, the man took a gold ring, weighing half a shekel, and two bracelets, weighing ten shekels of gold and gave them to Rebecca.

Rebecca's humility made her an unforgettable woman among God’s children. As mentioned above, it is not easy to water 10 camels with just one pitcher.

And as these 7 couples have agreed to humble themselves before the Lord, God will give them the Holy Spirit who is the spirit of wisdom and understanding from above so that they may live in peace in his presence.

This is how Abraham's servant came with his family. Likewise, by agreeing to consecrate one's marriage to God for regularization, one invites not Abraham's servant or an angel under the conjugal roof, but God himself.

And every time Rebecca looked at the ring and the bracelets and she remembered the 10 camels she had watered in her time.

Our God does not come to our conjugal roof to eat and drink. He comes to support us because marriage is sacred.

Sex is sacred!

Marriage bed is sacred as well!

THE BEST CHOICE

"And he said unto me, The LORD, before whom I have walked, will send his angel with thee, and make thy journey prosperous; and you will take a wife of my father's family and of my father's house for my son. " Genesis 24:40

The right choice is the one that comes from God and not from men.

And by consecrating one's marriage to God, one becomes hidden in the Lord's bosom, far from all temptation and all contrary winds.

There is still room at the Lord's feet because he gives life, the true life which begins in this system of things, which crosses the last rectangle and which continues into eternal life.

As Isaac obtained a beautiful woman of face and good character, God will then transform spouses' hearts who will come to him, as many as they could be to act better than the prodigal son's father.

It has been a long time since many people have lived like wild beasts, without law and without restraint. And here is the day, while and time of restoration for a fresh start.

Rings and presents together with all those beautiful, promising phrases are just God's love envelope manifested in Jesus.

By this marriage regularization, God opens doors to fertility, prosperity and total restoration.

VIRGINITY

« If a man seduces a virgin who is not engaged, and he sleeps with her, he will pay her dowry and take her to wife. » Exodus 22:16

How many women whose virginity has been ruthlessly snatched or held back by those who are willing to get married to virgin girls today without looking in the rearview mirror of their own past?

The thief who refuses to be robbed!

Sleeping with a virgin outside the marriage roof is like playing football in a market. And it costs a dowry value before taking her in marriage.

In other words, your own fiancée will have to stay that way until the wedding. It's hard, but it's God's will.

There is no sexual intercourse even between engaged couples before actual marriage!

It is because of this that there is much disease, mortality, sterility and interference among God's children in marriage.

And if someone who is reading this finds himself in such a situation, he should come and lay his burdens at the Lord's feet in order to be reconciled with God by a sincere commitment not to return to wallow in the mud for a new kilometer of restoration and fulfillment.

The greatest sin is to remain in sin without repentance and bearing worthy fruits of said repentance.

The doctor and the mechanic all shower in the morning before they go to work!

Jesus 's blood is able to cleanse us regardless of our sin. Let not appearances deceive us and let us join the beloved on the platform of sanctification, obedience and faithfulness to go further with our God.

Someone will tell me:

"If I knew, I should keep my virginity until the day of the wedding celebration ..."

There is still room at the Lord Jesus' feet. Come and drop your sin jug and he will give you living water. You will then go to others to tell them the good news of the kingdom of heaven.

Another one will say:

"Like, I have known several girls and split their virginity, couldn't God refuse to forgive me? "

If the prodigal son's father had accepted him despite his rebellion, how much more would the Lord Jesus not welcome us into the fold?

RESPECT SIGN FOR A WOMAN

“He imputes criminal things to her, saying, I have not found your daughter a virgin. Now here are the signs of my daughter's virginity. And they will unfurl his garment before the elders of the city. "Deuteronomy 22:17

Virginity is a sign of respect for women.

The girl’s parents in the old covenant jealously guarded the blood-stained clothes or sheets from the wedding night as a sign of respect for their daughter in marriage which is an institution coming from God until death.

Sanctification life is an attitude of spiritual virginity in our God’s presence.

« Set up signs, place poles, beware of the road, of the way you have followed...

Come back, virgin of Israel, Come back to these cities which are yours! » Jeremiah 31:21

We should flee from evil from afar in order to keep our sanctification throughout our walk with the Lord.

« He will not take a widow, nor a divorced woman, nor a dishonored or prostitute woman; but he will take a virgin from among his people to wife. » Leviticus 21:14

This verse breaks hearts of many.

So a child of God as well as a servant of God cannot take for wife:

- A widow,
- A prostitute woman
- A woman who has already known men

In the house of God, we only get married to virgin women.

And others, what will they become, because sometimes they are not even the basis of their current situation?

This constitutes a charge to be laid at the Lord's feet with a firm commitment to bear fruit worthy of repentance.

LORD'S COMING IN THE WORLD

"Behold, the virgin shall be with child, and shall bring forth a son, and his name shall be called Emmanuel, which means God with us. " Matthew 1:23

The Lord did not come through a too beautiful woman who had a long education. He came through a virgin from the tribe of Judah whose groom lived in sexual discipline with her.

Joseph is a man who lived above the belt when he was engaged and stayed in the same house with the Lord's Mother!

They lived in harmony as true sheep in the fold of the Lord. It is practically a role model for young engaged couples who hold the Bible in their hands.

There are principles to be observed in life. The train runs on the railroad. The boat goes on the water and the bird in the air.

Man created in the image and likeness of God will have to live in God's Word to go further.

RESTORING

« I will make you well again, and you will be made well, Virgin of Israel! You will still have your tambourines for adornment, and you will come out in the midst of merry dances. » Jeremiah 31: 4

God is able to restore us and give us back our former virginity.

Every woman you see in nightclubs today was once a virgin, and a wicked man split her honor to leave her on the city streets.

She is a prostitute today, but there is an author of this state of affairs who is waiting to get married to a virgin.

May God forgive us and give us a heart to also forgive others and lead them on the Lord's path.

This is the underlying reason for this nuptial regularization because without sanctification there is no Christian life!

As you understood the lesson, then get up and join others on sanctification platform and God's fear.

In the Old Covenant, the poor could not be forgiven for lack of means, because animals had to be sacrificed to obtain God's annual forgiveness.

Today we are in this dispensation which many of God's servants hailed from afar and eternal forgiveness has become free for the rich and for the poor.

Despite all of this, people are dragging their feet on the ground when we don't have much time.

This decision that you will make to consecrate your marriage in God's hands will open doors for you that no one will be able to close.

The right choice is yours and we have not been given mandate or quality to force others to join us in eternal life halls!

The right decision to follow the Lord Jesus is better than gold and silver!

WITHOUT TRACE

« The trace of the eagle in the heavens,
The trail of the serpent on the rock,
The track of the ship in the middle of the sea,
And the trace of the man in the young woman. »
Proverbs 30:19

There is no trace on the young girl's body who lost her virginity before actual marriage, and contemporary society has finally resolved to remain silent and live with its pain.

It is not true to believe that when you close your eyes it is no longer daylight.

We should face it and make the right choice because nothing can replace this life we have received from our God!

The one who is still a virgin knows it and will manifest it in her time and the one who is no longer, can join us on the platform of repentance and reconciliation with the Lord Jesus for a new beginning.

IN EGYPT

« They prostituted themselves in Egypt,
They prostituted themselves in their youth;
There their breasts were pressed,
There their virginal breast was touched. » Ezekiel 23: 3

We are all prostitutes in Egypt and we have all sinned.

Only this time the opportunity to enter the Lord's fold is before us.

To be in Egypt is to live a worldly life far from the law of God. And leaving the world, we cross the Red Sea to enter the desert where henceforth should depend on manna, fire pillar, the cloud and water from the rock.

Let us go to our Lord to discharge all our sins to lead henceforth a holy and pure life in obedience, faithfulness and discipline in God's Word.

And there is a place for everyone:

- Those of Jerusalem
- From Judea
- From Samaria and
- Those from the ends of the earth.

We left the world to become witnesses of Jesus in Jerusalem (our small family), Judea (our neighborhood), Samaria (our nation) and to the ends of the earth (other nations).

Let us not cross our arms to remain spectators in the fold of the Lord.

We are saved to make salvation accessible to others and blessed to popularize prosperity.

The problem is not having been in Egypt, but that of never going back!

« For I am jealous of you with a jealousy of God, because I have betrothed you to one husband, to present you to Christ as a pure virgin. » 2 Corinthians 11: 2

We are no longer of the world, for the good news has brought us to the Lord who has gathered us in his body.

And the Body of Christ must be pure as a virgin because it himself was born in his time from the Virgin Mary.

Sanctification life is our common part because judgment will begin in the Lord’s house.

Let us thus go to the School of Job so as not to be interested in virgins who await their husbands in a particular way as it is written:

"I had made a pact with my eyes,
And I would not have stopped my gaze on a virgin. " Job 31: 1

Let us leave others’ virgins alone and go into the Lord's field to bring back those who are still in death shadow to the Lord’s light.

DIVORCE

« But I say to you that whoever divorces his wife, except by reason of infidelity, exposes her to adultery, and whoever marries a divorced woman commits adultery. »Matthew 5:32

We have to get married in order to remain united until death. And without a forgiveness spirit, it is too difficult to resist the headwind.

The only reason mentioned is that of infidelity in the sense, in my opinion, of adultery. And it will be necessary to avoid marrying a repudiated woman.

And I have scoured the Bible for over 30 years and have not found anywhere where a man of God has divorced his wife!

What we can see nowadays scares me and I don't know what wind to turn to.

A man is made to know only one woman and the latter only one man.

What we remark in this dispensation of grace is shewbread, not manna.

People get tangled up in sentiment and interest and get deeper into evil.

In the Old Covenant, a master could remove a slave whom he had taken as a wife even outside of the case of infidelity as it is written:

"If she stops pleasing you, you'll let her go where she wants, you can't sell her for money or treat her as a slave, because you've humiliated her." Deuteronomy 21:14

The woman who was a slave can no longer be sold or continue to be considered as a slave because marriage has raised her and such a practice would be a humiliation on the part of its initiator.

And in marriage in the light of the Bible, it is the man who leaves his father and mother to go and attach himself to his wife and become one flesh.

To marry is to lead a life of mutual agreement while respecting each person's rights.

If you have married a divorced woman and live with her to this day and feel reproached by the Word tonight in this marriage regularization service before God, use this opportunity to join the others on the platform of repentance and reconciliation with God and make a firm resolution not to come back and wallow in the mud.

As the Lord our God renews his goodness every morning, so lay down in faith your burden at the feet of him who has the power to forgive all men if they ask him with all their heart.

Keep your eyes closed and step into God's presence to experience a new beginning with the Lord Jesus!

Go to the bottom of your heart to speak in secrecy to the one who can give a new start to your marriage life.

There is still room at the cross because Judas is absent. There is still room around the table of the Risen One because Thomas is not present!

If I had kept my old marriage, I wouldn't see this nauseating decor and with all the rigor of the Holy Scriptures, who can go to heaven?

As you have heard this address of the good news, make the right choice and rely on the Lamb of God who takes away the sin of the world.

He also came for your cause and confide in him. Gather your strength and lay your burden on and he will give rest and allow you to go further in peace of heart.

So join others and together as members of one body let us raise our hands to celebrate by faith the divine visitation for a rebirth of restoration and prosperity with Jesus.

CONCLUSION

You do not get married to divorce the day after, because it is an institution of God that should be respected until death.

Marriage is from God and must be in accordance with divine instructions for it.

There is no such thing as sex outside of marriage.

Nowadays, before we go before God, it all starts in the family of the girl where the man will present himself to ask for the hand of his future wife.

Once finished with this step where the right of veto belongs to the father or the maternal uncle of the future wife according to the habits and customs of each other; one then goes to the Registrar to register in accordance with the law of the place of residence.

And just after we go before God to invite him to accompany the two newlyweds in their new trot on this earth because the last rectangle is the terminus.

And it is there that the divine blessing prevails over that of the family of the woman and that of the Civil Status.

If you haven't had the opportunity to go through these three steps, there is still a door open to get you right with the Lord.

If you have a balance to pay for your dowry, do it while it is still daylight that our friends have done it and be in order with the Civil Status before coming for a wedding celebration of regularization before God so that you could succeed in everything you do.

Marriage is sacred!

Sex is sacred!

Marriage bed is sacred!

Virginity is also sacred!

Before I put the cap on my ballpoint pen again, I would like to take a few final lines to talk about King David's old age.

“King David was old and advanced in years; they covered him with clothes, and he could not get warm.

His servants said to him, Let them seek a virgin maiden for my lord the king; let her stand before the king, nurse him, and sleep in his bosom; and my lord the king will warm up.

They searched all the land of Israel for a young and beautiful girl, and they found Abishag the Shunammite, and they brought her to the king.

This young girl was very beautiful. She attended to the king, and served him; but the king did not know her. " 1 Kings 1: 1-4

The Shunammite Abischag’s virginity, in her time cured King David of his cold sickness. She slept in his womb but he did not have sex with him.

By this age, King David had finally passed his belt and was living for heart and soul.

Many homes have been destroyed from below because every sin that man commits is outside of him. But he who sins by sex sins against himself.

He thus destroys God's Temple with his body and exposes himself to the devil's cunning and temptation.

Virginity, faithfulness, obedience and discipline are ingredients for a successful marriage.

If you have lost some ingredients, gather your courage and come and join us on the platform of repentance, reconciliation, and restoration with God.

As you have finally understood the lesson on regulating marriage before God, then never do it again for grace is deceptive.

It is not forever!

The Author

THE AUTHOR

Sylvanus Mulowayi Wa Kayumba, Sworn Translator, Polyglot, Chaplain and Preacher of the Word of GOD.

With a 37-year-old feather in his hand, as a solitary rider, his passion is in noble ideas, a job well done and a love of the beautiful.

Almost half of his life he has spent with sick people and prisoners in chaplaincy.

One thing is true is that every man has the right to love, appreciate and think. His strength lies in writing pleasure and also reading others. He has great respect, consideration and deference for the pen and the sheet of paper.

His dream is to bring together the breeze and the storm in one bed and under one sheet for a world led by love and forgiveness.

His expectation is that one day the rich and the poor, the strong and the weak, the master and the slave will meet to contemplate together the one from whom they came out and to whom they will one day return, each in one's time and in one's circumstance.

Can only receive the one who has already given once, at least!

The Author

Sylvanus Mulowayi Wa Kayumba
Email : dasylvahmolvak@gmail.com
You Tube : Dasylvah Only Jesus

CONTENTS

Printed by Books on Demand GmbH, Norderstedt / Germany